दृष्टिकोण

बाल कविताएं

डॉ. शिवानी गोयल

मेरे स्वर्गीय पिता श्री रमेश चंद गोयल को

क्रम-सूची

क्रम-सूची

प्रस्तावना

'दृष्टिकोण' का महत्व कवियत्री के प्रेरणा के उद्देश्य को दिखाता है| हमारे जीवन में प्रकृति की बहुत सी अदभुत देनें हैं जैसे सूरज, फूल, पशु- पक्षी, बादल और बारिश आदि| मैंने सबके उपयोग बताये हैं| उसके साथ साथ इनसे मिलने वाली प्रेरणा भी बतायी है जो मेरे अपने विचार हैं| बहुत सी वस्तुएं जैसे पुस्तक, खिलौने, गहने आदि के बारे में काफ़ी विस्तार में बताने की कोशिश की है| प्रेरणात्मक पहलू ही मेरा मुख्य लक्ष्य है|

हमारी रोज़ मर्रा की ज़िंदगी से जुड़े कुछ महत्वपूर्ण लोग जैसे अखबार वाला, ऑटो-रिक्शा वाला और माली के सब कामों को बारीकी से बताने की कोशिश की गई है| इन सबका सम्मान करने पर बल चाहिए| सचिन तेंदुलकर के जीवन से मिलने वाली प्रेरणा भी बतायी गई है|

बहुत से त्यौहार जैसे दशहरा, छब्बीस जनवरी और होली से जुडी बातें और प्रेरणा भी बतायी गई है| मैंने परीक्षा के महत्व को अलग ढंग से परस्तुत किया गया है|

मुझे सभी कविताओं में लिखने में जितनी खुशी हुई थी, उससे भी ज्यादा आप लोगों के साथ बाँटने में हो रही है |

मुझे आशा है कि आप इन्हें पढ़कर प्रसन्न होंगे और इनके लिए मेरे दृष्टिकोण की सराहना करेंगे|

भूमिका

'दृष्टिकोण' एक काव्य संग्रह है जिसमे 27 कविताएं प्रस्तुत की गई हैं। इन्हे 3 भागों में विभाजित किया गया है- 'प्रकृति', 'वस्तुएं' और 'रोज़-मर्रा ज़िंदगी' | प्रकृति खंड में 12 कविताएँ हैं। पहली चार जीवित प्राणियों पर हैं - जैसे तितली, चींटी, गिलहरी और मोर | उसके बाद 3 फलों की व्याख्या की गई है - जैसे आम, अंगूर और अखरोट| सूर्य, फूल, पेड़, बादल और बारिश के बारे में उसके बाद कहा गया है| तितली सबसे प्यारे तरीके से बतायी गई है| उसके साथ इससे मिलने वाली कभी ना थकने की प्रेरणा भी बतायी गई है| चींटी की ताकत को कम नहीं आंकना - ये 'चींटी' कविता में बताया गया है| गिलहरी की जीवन गाथा और दिनचर्या कविता 'गिलहरी' में बताई गई हैं | कविता 'मोर' में मोर और मोर-पंख के बारे में कहा गया है|

'आम', 'अंगूर' और 'अखरोट' कविताओं में इन के टाइप और स्वाद बताए गए हैं| 'सूर्य' , 'फूल', 'पेड़' कविताएं कुछ बड़ी हैं| ये इन सभी के उपयोग के बारे में विस्तार से बताती हैं| कविता 'बादल' में बादल के बनने के बारे में कहा गया है| बारिश जरूरी भी बहुत है लेकिन इस के साथ समस्याएं भी काफी हैं| कविता 'बारिश' में बहुत से लोगों की बारिश को ले कर भावनाएं शेयर की गई हैं|

'वस्तुएं' खंड में 7 कविताएँ है। बहुत सी वस्तुएं जैसे गोलगप्पे, खिलौने, पुस्तक, कलम, घड़ी, गहने और जूते-चप्पल के बारे में काफ़ी विस्तार में बताने की कोशिश की है| प्रेरणात्मक पहलू ही मुख्य लक्ष्य है|

'रोज़-मर्रा ज़िंदगी' खंड में 8 कविताएँ है। हमारी रोज़ मर्रा की ज़िंदगी से जुड़े कुछ महत्वपूर्ण लोग जैसे अखबार वाला, ऑटो-रिक्शा वाला और माली के सब कामों को बारीकी से बताने की कोशिश की गई है| इन सबका सम्मान करने पर बल दिया गया है| सचिन तेंदुलकर के जीवन से मिलने वाली प्रेरणा भी बतायी गई है| त्यौहार जैसे 26 जनवरी, होली और दशहरा से जुडी बातें और प्रेरणा बतायी गई है| परीक्षा के महत्व को अलग ढंग से परस्तुत किया गया है|

इस किताब में लिखी सब कविताओं को मैंने बड़े दिल से और फुर्सत में लिखा है। लगभाग 13 साल में ये सब लिखी गई हैं।बहुत सी कविताओं में थापर टेक्नोलॉजी कैंपस के अनुभव हैं। संक्षेप में इनके बारे में विवरण इस प्रकार है:

तितलियाँ सभी की पसंदीदा होती हैं। ये बहुत नाजुक होती हैं और कई अलग-अलग रंगों और डिज़ाइनों में होती हैं। जब भी हम किसी तितली को देखते हैं, हमारा मन प्रफुल्लित हो उठता है। यह हमें खुशी के साथ चलते रहने के लिए प्रेरित करती है। यह 'तितली' कविता में प्रस्तुत किया गया है | चींटी सबसे छोटा प्राणी है जिसे हम अपनी आंखों से देख सकते हैं। भले ही यह आकार में छोटा हो, लेकिन यह हमें बहुत नुकसान पहुंचा सकता है। इसे हल्की कविता 'नन्ही चींटी' में प्रस्तुत किया गया है।हम डिज्नी कार्टून में गिलहरी का आनंद लेते थे। इसलिए हमने अपने बगीचे की दीवार में एक सुंदर गिलहरी की तस्वीर को चित्रित किया। मैंने इसके बारे में बहुत सी बातों पर ध्यान दिया और 'गिलहरी' कविता लिखी। मैंने उसके शरीर पर रेखाओं का राज भी जोड़ा।

हम अपने किचन गार्डन में पक्षियों के लिए अनाज परोसते थे। कबूतर, तोता, कठफोड़वा और गौरैया खाने आते थे। यह सब देखकर हमें बहुत अच्छा लगता था। लेकिन मोर और मोरनी को

देखते ही हमारी खुशी कई गुना बढ़ जाती थी। ये यादें और मोर पंख के बारे में अधिक जानकारी 'मोर' कविता में लिखी गई है।

थापर प्रौद्योगिकी परिसर में कई आम के पेड़ थे जिन्हें हम रोज़ देखा करते थे। हम सड़क पर और पेड़ों के नीचे पड़े उन सभी हरे आमों को इकट्ठा करके आम का पन्ना बनाते थे। कविता 'आम' उसी से प्रेरित है। एक दिन अंगूर खरीदते समय मैंने देखा कि अंगूरों के गुच्छों में होने पर उनकी सुंदरता और कीमत अधिक होती है। इसने मुझे 'अंगूर' कविता लिखने के लिए प्रेरित किया। अंगूर के बारे में और अन्य संबंधित बातें मैंने जोड़ीं। जैसा कि हम गिलहरियों को अखरोट के साथ देखते थे, मैंने एक 'अखरोट' के बारे में कविता लिखने का सोचा। अखरोट का इस्तेमाल खाने के अलावा त्वचा की सफाई के लिए भी किया जाता है।

सर्दियों में, हम अपने बगीचे में सूर्यास्त तक पूरे दिन धूप में बैठे रहते थे। सूर्य हमारे जीवन में सबसे महत्वपूर्ण भूमिका निभाता है। इसे 'सूर्य' कविता में प्रस्तुत किया गया है। फूल और पेड़ वास्तव में प्रकृति का महत्वपूर्ण हिस्सा हैं। मानव के घर बनाने से पहले से ही जंगल मौजूद थे। पेड़ों और फूलों की विविधता जबरदस्त है। इनमें से प्रत्येक की अनूठी बनावट, गुण और उपयोग हैं। इनसे हमें जो प्रेरणा मिलती है उसे मैंने 'फूल' और 'पेड़' कविता में शामिल करने का प्रयास किया है।

बादल अनंत आकाश में भगवान द्वारा बनाई गई एक अद्भुत रचना है। ये वास्तव में कोई भी आकार ले सकते हैं। कभी ये जुड़े हुए लगते हैं तो कभी अलग। कभी-कभी हम इनकी कल्पना कुछ वस्तुओं के रूप में भी कर सकते हैं जैसे कि कोई पक्षी, मेज़, भालू आदि। इन्हें देखकर हमें अधिकांश समय सुखद लगता है क्योंकि ये बारिश लाते हैं, जो जीवन का आधार है। लेकिन पहाड़ी इलाकों में फटने पर ये तबाही मचा सकते हैं। इन विचारों को

'बादल' कविता में प्रस्तुत किया गया है।

बरसात के दिनों में हमारे बच्चे रेनकोट और छतरियों के साथ बाहर निकलते थे। लेकिन जब हम स्कूटर पर बाज़ार में होते थे और काले बादल छा जाते थे तो हमें बारिश में भीगने का डर लगता था। आकाश में बरसाती बादलों को देखकर वास्तव में अलग-अलग लोगों की अलग-अलग भावनाएँ होती हैं। इसे 'बारिश' कविता में प्रस्तुत किया गया है।

गोलगप्पे भारत में एक स्वादिष्ट नाश्ता है जो आटे या सूजी से बनाया जाता है। ये छोटे गोल गोले होते हैं जो उबले हुए आलू और चने से भरे होते हैं। फिर इन्हें मीठे और खट्टे पानी में डुबोया जाता है जो इसे बहुत स्वादिष्ट बनाता है। हम इन्हें 'दही भल्ला' से भी भर सकते हैं। इन्हें ज़्यादा से ज़्यादा खाने का मन हर किसी को होता है। इसे 'गोलगप्पे' कविता में प्रस्तुत किया गया है।

हम अपनी बेटियों के लिए हर महीने नए खिलौने खरीदते थे। हम खिलौनों की दुकान में नई किस्मों को देखकर वास्तव में रोमांचित होते थे। साथ ही, पड़ोसियों के बच्चों के पास मौजूदा चलन के अनुसार लगभग एक जैसे खिलौने हुआ करते थे। हर खिलौना कंपनी खिलौनों के नए डिजाइन के बारे में सोचने में अपना दिल और दिमाग लगा देती है। इसे मेरी समझ के अनुसार 'खिलौने' कविता में प्रस्तुत किया गया है।

मेरी मां **श्रीमती उषा गोयल** लाइब्रेरियन के रूप में सेवानिवृत्त हुई हैं। हम कॉमिक किताबों की हर पहली कॉपी पढ़ते थे और इतने करीब से किताबों के इतने सारे विभागों और भिन्नता को देख पाते थे। इसे मैंने 'पुस्तक' कविता में शामिल किया है।

दैनिक दिनचर्या में सबसे उपयोगी चीज है कलम। विभिन्न प्रकार के पेन का उत्पादन करने वाली कंपनियों की एक विस्तृत

विविधता है: सरल, फैंसी, सस्ता, महंगा, रंगीन। कलम का चुनाव पीढ़ी दर पीढ़ी बदलता रहता है। मैंने 'कलम' कविता में कई महत्वपूर्ण बिंदुओं को शामिल करने का प्रयास किया है। नैतिक - 'कलम तलवार से भी ताकतवर है' भी इसमें शामिल है।

एक दिन मैं अपनी परीक्षा ड्यूटी में अपनी कलाई घड़ी पहनना भूल गई, जहां मुझे एहसास हुआ कि हम वास्तव में कितनी बार समय देखते हैं। इसने मुझे 'घड़ी' कविता के बारे में लिखने के लिए प्रेरित किया। मैंने समय से संबंधित मुहावरों को भी शामिल किया है जैसे 'मुश्किल की घड़ियां लंबी होती हैं' और 'खुशी के पल जल्दी गुजर जाते हैं'।

आभूषण बच्चों और महिलाओं, यहां तक कि पुरुषों के लिए भी फैशन का एक महत्वपूर्ण हिस्सा है। बाजार में जिस तरह की ज्वैलरी उपलब्ध है वह जबरदस्त है। शरीर के लगभग हर अंग की सजावट के लिए आभूषण मौजूद हैं। मैंने इसे कविता 'आभूषण' में शामिल करने का प्रयास किया है।

घर में ऊपर तक भरे हुए शू-रैक को लेकर कई बार हमारी कहासुनी हो जाती थी। कई महिलाओं की तरह, मैं अपने पास उपलब्ध विभिन्न प्रकार के जूतों से कभी संतुष्ट नहीं हुआ करती थी। शायद यह मेल खाने वाले जूते, सभी किस्मों, नवीनतम डिजाइन आदि की आवश्यकता के कारण है। यह अजीब पहलू 'जूते-चप्पल' कविता में प्रस्तुत किया गया है।

मॉर्निंग वॉक के लिए जाते समय, मैंने देखा कि कैसे अखबार वाला व्यक्ति एक क्षेत्र के इतने सारे घरों में कई तरह के अखबार पहुंचाता है। हर घर के लिए अखबारों का क्रम और संख्या याद रखना आसान काम नहीं है। मैं यह देखकर मोहित हो गई कि कैसे वह बिना किसी चूक के पहली मंजिल के घरों में फेंक कर अखबार पहुंचाते थे। उसे बहुत कम वेतन मिलता है लेकिन कार्य

महत्वपूर्ण है। इसे 'अखबार वाला' कविता में प्रस्तुत किया गया है। ऑटो रिक्शा चालक हमारे जीवन का एक अभिन्न अंग हैं। हम अपनी मंजिलों तक पहुँचने के लिए उनकी सेवाओं का उपयोग कैसे करते हैं और अपने ग्राहकों के प्रति उनके नरम रवैये को 'ऑटो-रिक्शा चालक' कविता में प्रस्तुत किया गया है।

एक बूढ़े माली ने हमारे लिए लगभग 7 वर्षों तक काम किया। वह अपने बागवानी के काम के प्रति बहुत ईमानदार था और तरह-तरह के काम करता था। इसमें निराई-गुड़ाई, पानी देना, नए पौधे लगाना और खाद डालना शामिल था। उसे विशेष मौसम का भी ध्यान रखना होता था और उसके अनुसार पौधों का चयन करना होता था। यह सब 'माली' कविता में प्रस्तुत किया गया है। सचिन तेंदुलकर स्टार क्रिकेटर होने के कारण सभी के चहेते हैं। उन्होंने भारतीय टीम में उत्कृष्ट प्रदर्शन के लिए अपने समर्पण से कई युवा खिलाड़ियों को प्रेरित किया है। उन्हें भारत रत्न का पुरस्कार भी मिल चुका है। मैं 'सचिन तेंदुलकर' कविता में उनके बारे में लिखने से खुद को रोक नहीं पाई।

भारतीय गणतंत्र दिवस छब्बीस जनवरी राष्ट्रीय त्योहार है जिसे हम परिवार और पूरे देश के साथ मनाते हैं। हम टेलीविजन पर नई दिल्ली से कार्यक्रमों का प्रसारण देखते हैं जिसमें हम सांस्कृतिक नृत्य का आनंद लेते हैं। इतने सारे लोगों के कपड़े, श्रृंगार और लाइव प्रदर्शन वास्तव में सुखद होता है। विभिन्न राज्यों में वर्तमान विकास को रचनात्मक झांकियों के माध्यम से दर्शाया जाता है जो वास्तव में कड़ी मेहनत के बाद तैयार की जाती हैं। मेरा यह पसंदीदा त्योहार साल में एक बार आता है।इसके बारे में मेरी भावनाएँ 'छब्बीस जनवरी' कविता में लिखी गई हैं।

होली भारत में पूरे जोश के साथ मनाया जाने वाला एक रंगीन त्योहार है। इस दिन सभी लोग दोस्त बनते हैं और एक-दूसरे के चेहरे पर कई रंग लगाते हैं। मैंने 'होली की मिठाई' कविता में होली की विभिन्न मिठाइयों और होली के रंगों को आपस में जोड़कर दोस्ती के संदेश को देने की कोशिश की है। दशहरा भारतीय त्योहार है जो रावण (बुराई) पर श्रीराम (अच्छे) की जीत का प्रतीक है। इस अवसर पर मेले में विक्रेता राम-रावण युद्ध से संबंधित कई खिलौने जैसे तलवार आदि बेचते हैं। लोग बहुत सारे स्वादिष्ट खाने का आनंद लेते हैं। रामायण से हमें जो शिक्षाएँ मिलती हैं, वे भी 'दशहरा' कविता में हैं।

हम सभी ने महसूस किया होगा कि हमें जीवन में परीक्षा के लिए उपस्थित होने की आवश्यकता क्यों है। इसे खत्म क्यों नहीं किया जा सकता ? 'परीक्षा' कविता इन्हीं सभी प्रश्नों के उत्तर देने का प्रयास है।

पावती (स्वीकृति)

सबसे पहले मैं अपने गुरु जी और भगवान की शुक्रगुजार हूं जिन्होंने मुझे ज्ञान प्रदान किया। उन्होंने मुझे काम करने की ताकत दी और मेरे सपने को साकार किया।

मैं अपनी प्यारी माँ श्रीमती उषा गोयल की आभारी हूँ जिन्होंने एक पुस्तकालयाध्यक्ष के रूप में मुझे सीखने का एक मंच प्रदान किया। उन्होंने मुझे जीवन के सभी क्षेत्रों में मेरे सभी प्रयासों को प्रोत्साहित किया है।

मैं बखशी बीर सिंह हाई स्कूल पटियाला में अपने शिक्षकों के प्रति गहरा सम्मान व्यक्त करती हूं जिन्होंने मुझे हिंदी कविताएं लिखना सिखाया।

मेरे हर काम में मेरा साथ देने के लिए मैं अपने पति दीपक गर्ग की शुक्रगुजार हूं। मैं अपनी प्यारी बेटियों गरियसी और प्रकृति की शुक्रगुजार हूं जिन्होंने मेरी सभी कविताओं का आनंद लिया और उनकी सराहना की। ये हमेशा एक नई कविता के लिए विषय सुझाने के लिए उत्सुक रहती थीं। उनकी प्रतिक्रिया ने मुझे सुधारने में मदद की है।

मैं अपने भाई विशाल गोयल की आभारी हूं जिसने मुझे संपादन में मदद की और मुझे प्रकाशित करने के लिए प्रोत्साहित किया। मैं अपनी बहनों आशु और शिखा की शुक्रगुजार हूं जो अलग-अलग खिलौने और आभूषण उपहार में देती रहती हैं जिससे हमें खुशी मिलती है। इन्हीं से मुझे लिखने की प्रेरणा भी मिली। मैं अपने परिवार के अन्य सभी सदस्यों की आभारी हूं जिन्होंने मेरी मदद की।

पाबती (स्वीकृति)

मैं अपने सभी दोस्तों की शुक्रगुजार हूं जिन्होंने मुझे सुनने के लिए समय दिया और मेरी सराहना की। मैं अपने सभी छात्रों की आभारी हूं जो मुझे प्यार करते हैं और सम्मान करते हैं और हमेशा खुशी के स्रोत हैं। प्रकाशन की इस प्रक्रिया में मेरा मार्गदर्शन करने के लिए अनिका कपूर को मेरा विशेष धन्यवाद।

मैं उन सभी लोगों की आभारी हूं, जिनसे मुझे लिखने की प्रेरणा मिली।

आमुख

एक नवोदित कवयित्री के रूप में मैंने बहुत पहले हिंदी में कविताएँ लिखना शुरू किया था। मैं किसी भी विषय पर लिखती था जो मुझे प्रेरणादायी लगता था। जब मैं स्कूल में थी तब मुझे कविताएँ लिखने के लिए पुरस्कार मिले। मैं पिछले 13 वर्षों से कविताएँ लिख रही थी और अब मुझे परिवार ने इसे एक पुस्तक के रूप में प्रकाशित करने के लिए प्रोत्साहित किया ताकि मैं अपनी भावनाओं को आप लोगों के साथ साझा कर सकूँ।

यह पुस्तक जानकारी और प्रेरणा को कविता के रूप में शामिल करने के लिए लिखी गई कई कविताओं का संग्रह है। मुझे आशा है कि आप इन सभी को पढ़कर प्रसन्न होंगे।

मुझे इन पर प्रतिक्रिया प्राप्त करने में खुशी होगी।

डॉ. शिवानी गोयल

प्रकृति

1. तितली

रंग बिरंगी प्यारी तितली
कोमल बदन सुकुमारी तितली ॥
हरदम हवा में उड़ती रहती
कभी न थकती हारती तितली ॥
आँखों के आगे पंख फैलाती,
मन में उमंग जगाती तितली ॥
इक पल फूल पे बैठ है जाती,
झट से फिर उड़ जाती तितली ॥
कुछ देर थक के ठहर जो जाती,
पकड़ में हमारे आती तितली ॥
जोर से पकडे जाने पर
छूटने को छटपटाती तितली ॥
विश्राम का मोल पड़ता है भारी,
सबक सही सिखाती तितली ॥
रूको नहीं बस उडे चलो तुम,
खुशियों का राज़ बताती तितली ॥

2. नन्ही चींटी

ईश्वर की सूक्ष्म कल्पना एक,
देख न पाए जिसे हरदम एक|
न ही ग्राम, न मिलीग्राम,
माइक्रो ग्राम है इसका भार।।
ताकत की इसकी कम न आंको,
चींटी सकती है हाथी को मार ।
कभी हम चले जो पथ पर,
चींटी दिखाई नहीं पड़ती है।।
और हम पर चढ़ जाए तो,
च्यूटी सी काट के जाती है ।
खाने की वस्तु को सूंघ झट,
सखियों को तुरंत बताती है |
मिलजुल कर खाना ले जाती
सभी लाइनों में आती हैं ||

3. गिलहरी

छोटी भूरी प्यारी गिलहरी,
पेड़ की डाल पर उछलती गिलहरी |
कुट-कुट करके बोलती गिलहरी,
टिक के कहीं न बैठती गिलहरी ||
नन्हें-नन्हें दो हाथों से,
हर मुलायम चीज़ पकड़ कर लाये |
उनसे भी नन्हें से मुंह से,
छोटा-छोटा निवाला खाये||
प्यार से बैठी खाती गिलहरी,
हमारे मन को खूब है भाये |
उसकी पूंछ बड़ी-लम्बी है,
बदन पर धारियां लहराएँ॥
सुना है पहले भूरी थी गिलहरी,
रामजी से इसने आशीर्वाद पाये |
गीले शरीर पे लगा के बालू,
बनाने में रामसेतू कर्तव्य निभाये ॥
शरीर पर ये धारी-दार उपहार,
राम जी की अंगुलियों से पाये |
कभी न बैठा इसे देखा हमने,
हर समय बस फुदकती जाये ॥
भागे एक दूसरे के पीछे,
कपड़ों, दरवाजों पे चढ़ जाये |
कई कार्टून फिल्मो में भी,

किरदार ये खूब मजेदार निभाये ॥
जुराब, बॉल, अखरोट से खेले,
गिलहरी सबका मन मोह जाये॥

4. मोर

हमारा राष्ट्रिय पक्षी मोर,
पंखो से फैलाता खुशी सब ओर |
मोर मोरनियों की टोलियां जब चलती,
मधुर आवाज़ सुनने को मिलती ||
भारी भरकम है यह पक्षी,
शानदार भरता है उड़ान |
इसके नाच और स्वर पे,
बरबस ही जाता सबका ध्यान ||
सब पशु-पक्षी लगते हैं जाने,
बारिश से बचने कहीं और |
लेकिन बारिश में भी हर पल,
पंख फैला कर नाचे मोर ||
मोर स्वामी कार्तिक की सवारी बन चमके,
मोर पंख कृष्ण जी के मुकुट पर दमके|
सजावट में छटा मोर पंख की सबसे हटके,
छिपकली मोर पंख के पास न फटके ||
और भी आता है कई काम,
बढ़ाता समृद्धि और प्यार |
बना कर मोरपंखों का पंखा,
पंडित जी देते नज़र उतार ||
मोर पंख है दिखता जटिल,
हाथ में आए तो हलका-सरल |
जिंदगी का भी यही है राज़,

गुरुदेव ने समझाया आज ॥

5. आम

आया गर्मी का मौसम,
आम के पेड़ पे आया बूर।
मीठे रसीले आम लगेंगे,
कुछ घर के पास कुछ थोड़े दूर ॥
छोटी अंबियां दिखने लगी जब,
मुँह में पानी आने लगा।
हरे से पीले हो जाएं अभी,
दिल बिल्लियों उछलने लगा ॥
पेड़ लदा हरी केरी से,
मानो हरी लाइटों की लड़ियाँ।
तेज हवा और आँधी चले तो,
बागीचे में लगती केरी की झड़ियाँ ॥
सुबह उठे हम करें इकट्ठा,
केरी बिखरी यहाँ वहाँ ।
छील के काटा और बनाया,
खट्टा मीठा आम पन्ना ॥
बहुत किस्म के होते आम,
तोता, लंगड़ा, चौसा, दशहरी ।
हरेक का है अपना स्वाद,
आम मेला लगता हर साल ॥

6. अंगूर

अंगूर हो एक, या हो अनेक,
अंगूर ही कहलाते हैं ।
गुच्छे में बंधे रहकर ही तो ,
ये सब शोभा पाते हैं ॥
चाहे खाते हों एक-एक करके,
हम गुच्छा खरीद कर लाते हैं।
अलग - अलग हुए अंगूरों का
मोल सभी कम लगाते हैं॥
घर बाहर सजावट के लिए,
अंगूर गुच्छे ही शोभा पाते हैं।
मोटे मीठे स्वादिष्ट अंगूर,
दो रंगो में आते हैं ॥
स्वाद है इसका ऐसा बढ़िया,
सबके मन को भाता है।
बच्चा, बूढ़ा या युवा कोई,
खुद को रोक न पाता है ॥
जूस जो बना दें हम इसका,
बोतलों में बेचा जाता है।
नाम हो जाता शराब इसका,
नशा खूब -चढ़ाता है ॥
मीठे अंगूर चाहिए सभी को,
खट्टे अंगूर न खाए कोई।
लोमड़ी रानी की कहानी भी

डॉ. शिवानी गोयल

पंचतंत्र में खूब प्रसिद्ध हुई ।।
कुछ हासिल करना हो जीवन में,
मेहनत जी जान लगा देना।
ये बहाना कभी न बना देना,
कि 'अंगूर' अभी खट्टे हैं मियाँ ।।

7. अखरोट

नाम है इसका अखरने वाला,
है ये जटिल संरचना वाला ।
मानव दिमाग सा रूप है इसका,
स्वाद है सबसे हट के इसका।।
जो सब को एकदम नहीं है भाता,
नंबर काजू बादाम के बाद हैं आता ।
पीस के जब बना दें स्क्रब,
तो त्वचा को ये उजवल बनाता।।
प्यारी नन्हीं मिलहरी के,
खाने- खेलने के काम आता ।।
सच कहूं ईश्वर की सृष्टि का,
अदभुत उपयोगी नमूना दिखाता ।।

8. सूर्य

स्वर्णिम सुनहरी धूप खिली है,
चहुँ और फैला उजाला |
सूर्य देव के आगमन से,
छूमंतर हुआ अंधेरा काला ||
सूर्योदय के करके दर्शन,
पाइए निर्मल मन बुद्धि निसदिन |
सूर्य देव के उदय से ही तो,
कैलेंडर का बढ़ पाता इक दिन ||
पूरी सृष्टि को उज्जवल करें वो,
है इस जग से मीलों दूर।
खिलाये फूल और पौधे,
मीठे करे सब फल भरपूर ||
पानी को उड़ाकर बादल बनाती,
सूर्य की किरणें चहुँ ओर |
फिर बरसात से खुशियाँ आती,
जंगल में चहके पंछी और मोर।।
ठंडी में जब ठिठुरते जाते,
हालत खराब करे जुकाम |
ऑफिस हो या घर कहीं भी,
धूप सेक आता आराम ||
सूर्य नमस्कार करने से प्रतिदिन,
रोगो से तुम पाओगे मुक्ति |
अर्पण नित्य करो सूर्य को जल,

मन विजय की पाओगे शक्ति ॥

9. फूल

कोमल तन और रंग सुंदर,
दुनिया में जो सबसे cool |
प्यार के इज़हार की पहली चीज़,
हम उसको कहते है फूल।।
सबसे कोमल चीज है यह,
जिसे भगवान् ने प्रेम से बनाया।
जिसे मिले यह सौभाग्य से,
उसी का ही है मन हर्षाया।
हरदम फूल हैं खिलते रहते,
आनंद का माहौल छाया है।
हँसते रहो फूलों की तरह,
हमने बड़ों से आर्शीवाद पाया है।
बहुत तरह के रंग है इनके,
कई तरह की पंखुड़ियाँ ।
प्यारे लगे ये हर मौसम में,
गर्मी की लू या सावन की झड़ियाँ ।
उत्सव हो शादी हो या फिर,
हो कोई भी शुभ मौका ।।
खिले हुए फूलों की सजावट,
कर देगी सोने पे सुहागा ।।
भगवान् को अर्पित करने को भी,
फूलमाला है श्रेष्ठ उपहार ।
भर लो गुण-मालासे खुद को,

मिलेगे जीवन में फूलों के हार ॥
मरने पर आत्मा को अर्पित,
करते हैं हम फूल अनेक |
जहाँ रहो तुम शांत रहो,
देते ये जीवन संदेशा ||
फूल गुलाब का सबसे सुंदर,
उगता है कांटे के साथ |
उसकी रक्षा के लिए ईश्वर ने
साथ में भेजा बॉडीगार्ड ||
सर्वोत्तम वस्तु पाने की ख़ातिर,
कांटो से तुम्हें उलझना होगा |
मेहनत करके जब पाओगे
तब ही सुख अनुभव होगा ||
कमल का फूल उगे कीचड़ में,
किन्तु हैं स्वच्छ और निर्मल |
तुम भी बनो कमल का स्वरूप,
ईर्ष्या कीचड़ से रहना दूर ||
सूरजमुखी का फूल अनोखा,
घूम जाता किरणों के साथ ||
धूप की रानी का देखो फूल
खिलता मुझ्झाता धूप के साथ ||
फूल जब खिले हैं रहते,
हर किसी के मन को भाते।
मुरझा जाने पर लेकिन,
अपनी प्रभुता हैं गंवाते ||
गुमसुम, दुखी मिलो जो तुम तो,
दुनियां न तुम्हें अपनाएगी |

डॉ. शिवानी गोयल

प्रेम उल्लास से खिले होगे,
तो ही तुम्हारा स्थान बनाएगी ॥
ईश्वर की है यह महामाया,
फूल के संग हो सकता कांटा ।
वरना दुख सहर्ष सहने का,
उदाहरण कोई नहीं दे पाता ॥

10. पेड़

एक बीज जब हुआ अंकुरित,
मिट्टी से निकला इक पौधा |
पानी खाद से *सींचा* गया तो,
बना आज वो पेड़ है बड़ा ||
जड़ें हो गई मजबूत उसकी,
उग गई कई टहनियाँ |
छोटे-छोटे उग आये पत्ते,
फूलों से लद गई टहनियां ||
कुछ पेड़ों में होते सिर्फ पत्ते,
कुछ में फल और फूल अनेक |
अलम ऋतु में अलग छटा सब की,
पतझड़ में होता रूप है एक||
एक तरह की लता है उगती,
है उस पेड़ की खासियत वो|
हरेक का रंग निराला इतना,
'वो है ज्यादा सुंदर' कहें किसको ||
ईश्वर है इक अदभुत रचियता,
वनस्पति जगत बनाया जिसने |
नई जगह हम जहाँ भी जाये,
नया रंग रूप है पाया हमने||
खुद ईश्वर बसते है सबमें,
पूजे जाते हैं कई पेड़।
मिलते मीठे फल बहुतों से,

डॉ. शिवानी गोयल

मिलते कोमल फूल अनेक।।
जड़ में चेतन, चेतन में जड़,
पेड़ों के जीवन का सार ।
धूप, छांव, बरखा आंधी में,
रह के अडिग देते उपहार ।।
फल प्राणी का पेट हैं भरते,
राहगीर को देते है छांव ।
पेड़ों के नीचे चौपाल में बैठे,
लोग शहर-शहर और गाँव-गाँव ।।
जड़ी-बूटी के ज्ञान को लेकर,
वैद्य जी करे चिकित्सा अनेक।
पेड़ों के उपयोग की पुस्तकें छपती,
एक दो नहीं अपितु अनेक।।
जीता पेड़ है साथी सच्चा,
भू-आपदा से करता रक्षा।
मर कर जब ये कट है जाता,
तो भी हमारे काम है आता।।
लकड़ी से बनती असंख्य चीजें,
चलता जिनसे जीवन हमारा ।
खिड़कियाँ, दरवाजे , नाव और सीढ़ी,
Stationery items, फर्नीचर सारा ।।
ऋतुओं के क्रम को करते संतुलित,
भूसंरक्षण करते ये अद्भुत ।
मत काटो कभी पेड़ों को,
पक्षी भी रहते इनपे आश्रित ।।
करलो निश्चय ये आज अभी से,
रोज पेड़ लगाना है ।

जीवन के सच्चे साथी का,
संख्या क्रम बढ़ाते जाना है।।

11. बादल

असीम हैं आकाश,
अनंत है बादल |
सूना विशाल आकाश,
गर न हो कोई बादल ॥
सिर्फ सपाट नीला होता आकाश,
गर ने होते दिन में बादल।
कैसे छुपता 'चांद में बादल '
गर न होते रात में बादल ॥
जाने कैसे बन हैं जाते,
गोरे काले बड़े -छोटे बादल।
एक जगह पर नहीं हैं टिकते,
घूमते रहते आकाश में बादल॥
अच्छा ही है ये रहते ऊपर,
बरसकर नीचे आते हैं।
बादल ही बन जो फट जाएँ
मौत का तांडव नचाते हैं ॥
रुई जैसे लगते हैं मुलायम,
आकार लिए हुए अनेक।
डूबते सूरज की लालिमा में,
दिखते रंगों में पैटर्न अनेक॥
गरमी से वाष्पित हो करें,
बादल अपना रूप पाते हैं |
टकराकर एक दूसरे से,

जल धरती पर बरसाते हैं ||
रूप तो खो जाता है उनका,
जीवन सार्थक हो जाता है |
फिर से वाष्पित हो कर पानी,
बादल नया बन जाता है ||

12. बारिश

घुमड़-घुमड़ कर आये बादल,
थोड़ा धनेरा छाया चारों ओर।
लगता है आने वाली है बारिश,
सब जगह ये मच गया शोर॥
हर एक के मन की खुशी अलग है,
किसी को घेरा चिंता ने नई और।
चाहे कोई अभी 'बरसो रे मेघा'
कोई चाहे बस रूको थोड़ा और।
ए.सी. दफ्तरों में बैठे लोगों को,
न लगा पता छाई घटा धनघोर।
खुली दुकानों व ठेले वालों में,
सामान संभालने का मच गया शोर॥
बरसाती, तंबू खोले हैं सबने,
किया अपना सामान सुरक्षित।
जिन्होंने कर दी देर जरा सी,
हुआ सामान उनका क्षत - विक्षित॥
चाय पकौड़ों की डिमांड बढ़ी है,
शेड के नीचे लाइन बड़ी है।
सड़कों में पानी भरा है,
वाहनों की लाइन लगी हैं॥
बारिश में एकदम से आकर,
सबका मन धड़काया है।
भीग गये सब धुले सूखे कपड़े,

मम्मी का काम बढ़ाया है ॥
बेचारे ठेले वाले की,
बिक्री पर रोक लगाया है।
कौन करे बारिश में खरीदारी,
दुकानदारों को फ्री बैठाया है ॥
खुश होकर बच्चे जो भीगे,
सर्दी जुकाम बुखार आया है।
कितने ही नुकसान हो इसके,
पर कवि का मन हर्षाया है ॥
कुओं, तालाब, नदियों, सागर में,
ईश्वर ने अमृत बरसाया है।
पेड़ पौधों ने पानी पाकर,
नवरूप नवजीवन पाया है॥
पानी है सबका जीवन दाता,
बारिश से ही हमें मिल पाता।
इस सुहावनी बारिश के बिना,
जीवन हमारा अधूरा रह जाता।

वस्तुएं

13. गोलगप्पे

गोल मटोल गोलगप्पे,
सबके ही है मन को भाता |
बच्चा बूढ़ा और जवान,
हर कोई इनको खाना चाहता ||
चाट वाला गोलगप्पे में छेद करके,
चटनी के टब में घुमाता |
उबले आलू और चने दाल कर,
पानी से लबालब भरता ||
गोलगप्पे की असली जान,
कई तरह का स्वाद पानी |
ज़ायका जिसका सबको भाता,
भरवें गोलगप्पे का कोई न सानी ||
मीठे तीखे पानी को देख कर,
मुह में पानी भरता जाता |
पेट भले ही भर जाए,
पर मन कभी नहीं भर पाता ||

14. खिलौने

खेलने की एक निर्जीव वस्तु,
जिससे खेले हर एक बच्चा।
सजीव समझ बतियाये उससे,
क्योंकि मन से है वो सच्चा ॥
तरह-तरह के कई खिलौने,
बनते लाखों दिन-प्रतिदिन ।
गुड्डा - गुड्डी, राजा - रानी,
रोबोट , परी व जादुई जिन ॥
स्कूटर, रिक्शा,बस, ट्रक, कार,
साइकिल, वैन, नाव है तैयार ।
प्लेन, हेलीकॉप्टर की बात न पूछना,
रिमोट से ही भरते उड़ान ॥
गोल- गोल होती है गेंद,
फेंको उसको दूर और पास।
उछल-उछल कर गिरती पड़ती,
लाती खुशी अगर हो उदास ॥
गृहणी तुमको बनना है बेटी,
Practice अभी से तुम कर लो।
ये लो अपना kitchen set,
Doll set से ghar भर लो ॥
आकार तुम बनाना सीखो,
Different building blocks से,
बनना तुमको है architect,

डॉ. शिवानी गोयल

अभी सीखो दिल जान से ||
डॉक्टर सेट भी बड़ा है useful,
करवाता पहचान instruments से।
बेटी बोली - checkup करती हूँ,
मैं अपने stethoscope से ||
Educational toys भी बहुत हैं बनते,
for learning alphabets और counting |
Puzzles भी हैं बहुत रंगीन,
छोटी आसान, बड़ी संगीन ||
एक टुकड़ा जो हो missing तो,
Picture complete न हो पाती है |
जीवन में है संभाल जरूरी,
यही message सिखाती है ||
जिंदगी में चलन हो जो भी,
वही Toys market में आते हैं।
लैपटॉप, मोबाइल के latest मॉडल,
ले कर बच्चे इतराते है ||
Dora, Bheem, Doremon के,
Balloons बच्चों को भाते हैं।
Bayblade और बंदूकों से खेलकर,
military man बन जाते हैं ||
Bubblegun से bubbles फुलाकर,
खुद फूले न समाते हैं।
Skipping rope से कूद - कूद के,
अपनी सेहत बनाते हैं ||
क्रिकेट बैट से चौके मारकर,
क्रिकेटर बनने के संजोये सपने |

Badminton, tennis practice से,
नाम करेंगे भारत का अपने ||
Ruby cube को गोल घुमाकर,
दिमाग बच्चों ने लड़ाया है।
Battlefield में जहाजों को डूबोएं,
शतरंज का जाल बिछाया है ||
Tumbling monkeys ने कूद- कूद कर,
सबका मन गुदगुदाया है ।
Jewellery और painting kits ने,
Artist सब को बनाते हैं ||
Soft toys को गले लगाकर,
प्यार सीखा और सिखाया है।
खिलौनों ने सब model बनाके,
बच्चों का संसार सजाया है ||

15. पुस्तक

मूर्ख को विद्वान बनाती पुस्तक,
मूढ़ को ज्ञान दिलाती पुस्तक ।
कोई अगर साथी न हो तो,
सच्चा मित्र बन जाती पुस्तक ॥
हर विषय पर छपती पुस्तक,
राजनीति, तकनीक, प्रेम, अनुराग ।
बाल विकास, हास-परिहास,
मनोविज्ञान, भक्ति, डाक विभाग ॥
पुस्तक लेखन सरल न समझो,
लगा जाते इसमें है वर्षों ।
गागर में सागर जो भर दे,
कहते अच्छा लेखक उसी को ॥
हरेक पुस्तक में सार है कोई,
कोई अर्थ समाया है ।
चुटकुले की किताब को पढ़के,
उदास मन खिलखिलाया है ॥
विज्ञान की पुस्तक पढ़के वैज्ञानिक,
नया आविष्कार खोज पाया है ।
वेदों शास्त्रों के अध्ययन ने हमारा,
संस्कृति से परिचय कराया है ॥
भाषा की पुस्तकों ने मनुष्य की,
बोली का भेद भुलाया है ।
भली आदतों की पुस्तक ने,

हमें शिष्टाचार सिखलाया है ।।
बच्चों की कॉमिक पुस्तक में,
बने कार्टून व तस्वीरें रंगीन ।
जिन्हें पढ़ देख कर बड़े-बूढ़ों को,
याद-ए- -बचपन ने गुदगुदाया है ।।
रोमाटिक उपन्यास पढ़के,
संजोये युवा सुनहरे सपने।
हो जाएँ कहानी के पात्र कभी,
प्रसिद्ध इतने कि लगते अपने ।।
रोमांच का जासूसी कहानियों से,
जैसे इक सैलाब लाया है ।
जासूस हम समझे खुद को ही,
फैली ऐसी महामाया हैं ।।
पर्याप्त नहीं है केवल पढ़ना,
मनन करो लगा मन अपना ।
बीज मिलें जो पुस्तकों से तुमको,
आवश्यक है उनका फूल बनना ।।

16. कलम

लकड़ी की एक लम्बी आकृति,
मध्य में जो लेड से भरी |
शार्पनर से छील लें तो,
हो जाती है नुकीली बड़ी ॥
कागज पर हम फेरते हैं जहाँ,
सुन्दर निशान बनाती है।
कोरे कागज को भरकर,
मन के भाव बताती है ||
गलत अगर हम कभी लिख दें तो,
Eraser से मिटाते हैं |
अपनी की गलती को हम,
सुधारने का अवसर पाते हैं॥
काश जीवन भी होती पेंसिल,
जिसमें हम erase कर पाते,
जीवन में की हुई भूलों को,
मिटा कर ठीक कर पाते ॥
लिखना जिस को कलम से आया,
वही समझदार मशहूर हुआ है।
क्योंकि एक तलवार से ज्यादा
ताकत एक कलम में हैं ||
कलम का रूप बहुत है बदला,
आता है हर दिन नया पेन।
कई पेनों में Refill है होता,

कहीं ink खत्म तो पेन गया ||
हरेक रंग में आते है पेन,
ink, ball या Gel,
देशी विदेशी बहुत है कंपनियां,
Reynolds, Jetter या Jiffy Gel.

17. घड़ी

दिन में होते 24 घंटे,
हर में होते काम अलग से।
निश्चित समय में उचित लगते,
असमय कुछ भी न होता ढंग से ॥
सुंदर घड़ी डायल सुनहरी
मैंने बांधी कलाई पर अपनी ।
हर दम देखा करती हूं इसमें,
समय क्या हुआ है अभी ॥
जिस दिन पहनना भूल हूँ आती,
देखूं कलाई सूनी हर दम ।
बार - बार सोचती हूँ रहती,
क्या हुआ होगा समय अभी ॥
जब होते हैं हम सब खुश,
समय जल्दी कट जाता है।
मगर जब हो मुसीबत में फंसे,
तो यह मन घबराता है॥
घड़ी की सूई तो बढ़ती है आगे,
समय जैसे थम जाता है।
थोड़ा रह गया मुसीबत का समय,
घड़ी देख के हौसला आता है ॥
सोचो गर ना होती घड़ी तो,
समय बताने को हम को ।
कब आना और कब है जाना,

कभी न तय कर पाते खुद से ॥

18. गहने

मानव शरीर ढकता कपड़ों से,
और सजता ऊपर गहनों से |
सिर से लेकर पाँव तक,
रूप संवरता सबका जिससे ॥
कई धातु के बनते गहने,
सोना, चांदी हीरे व पन्ने ।
महंगे व कीमती गहने पहने
अमीर औरतो, राजाओं, सेठों ने॥
असली गहने सब ले न पायें,
सजा लो खुद को artificial se |
मैचिंग ज्वैलरी जितनी भी ले लो
पड़े लाखों डिजाइन दुकानों में ॥
तख्तो-ताज है सिर का गहना,
मिले केवल भाग्यशाली को।
Competition, bday में पहनकर,
राजा, रानी feel कर लें हम खुद को ॥
Clips, hairbands & Rubberbands,
सजाये सिर को हो routine या dance,
और चोटी में डाल परांदी,
मुटियारें करती दिलों पे राज ॥
माथे पे है सुंदर टीका,
कानों में टोपस, बाली व झुमका।
नाक में सजे नथनी या कोका,

जिसके लिश्कारे में दिल अटका ॥
गले में सुदर माला या चेन,
कुंदन हार या diamond सेट |
इतराती शर्माती सभी स्त्रियाँ,
दिखाती सबकी Jab we met ||
बाँहों के लिये है ढेरों उपहार,
Bracelet , चूड़ी, कड़ों की बहार।
हाथी की उंगलियो में चमके,
छोटी बड़ी अंगूठियाँ दो चार ॥
कमर भी अगर हो पतली,
सजा लो उसको ले कमरबंद ।
चाँदी का चाबी छल्ला रख लो,
करके सब माल तिजोरी में बंद ॥
मॉडर्न कपड़ों के फैशन में,
बेल्ट लगाओ matching और फैंसी ।
देखाओ कमर करो पैंट कंट्रोल,
गरियसी, प्रकृति या फिर नैन्सी ||
पैरों में झाँझर छमछम छमके,
अंगुलियों में बिछुए चमके |
हो बच्चा या बड़ी स्त्रियां,
मधुर आवाज़ से सबका मन चहके||
गहने तो है ऊपरी श्रृंगार,
हम सज जाते उससे यार ।
किन्तु अगर सजना है सच में।
जरूरी है अच्छा सांसारिक व्यवहार ||
सच्चा मन, संतुलित बुद्धि,
ठंडा माथा औरी मीठी जुबान ।

धैर्य, साहस, शील व स्नेह,
गहने जिससे बने व्यक्ति महान ॥
औरतों का सच्चा गहना शर्म,
सच्चरित्र के इसमें मर्म ॥
सब गहने सस्ते हैं इससे,
यही अनमोल व सबका धर्म ॥

19. जूते-चप्पल

पथरीली धरती, कंटीले रास्ते,
चलें तो पैर ही छिल है जाते ।
चप्पल पहन पैरों में अपने,
हम अपने पैरों को बचाते ॥
तरह- तरह के बनते चप्पल,
पंजाबी जूती और कोल्हापुरी ।
जंच जाए पैरों में जो भी,
बने पसंद हमारी वही ॥
चाहे हो कोई भी अवसर,
नहाना धोना या पूजा पाठ ।
शादी में हो पहन के जाना,
या करना हो राजनैतिक काज ॥
हर अवसर के लिए मिलेंगे,
भिन्न-भिन्न किस्मों के जूते ।
एक से एक बढ़ कर हैं सभी,
हर एक का है अपना अंदाज ॥
लेडीज़ चप्पल, सैंडिल और बूट,
लगी है सेल, मची है लूट ।
जैटस भी नहीं हैं पीछे,
पहनें स्पोटस शूज व formal बूट ॥
देसी दुकानें कम नहीं थी पहले,
ब्रांडेड जूतों का आया सैलाब ।
बाकियों की तो बात न पूछो,

डॉ. शिवानी गोयल

बाथरुम चप्पल बनीं महगी जनाब ।।
घर पे शू-रैक भरा जूतों से,
फिर भी सब्र न आया है।
दुकान में सजे सुंदर जूतों को,
देखकर मन ललचाया है ॥
हरेक डिजाइन का ले लें एक,
हरेक पे दिल आया है ।
कभी न ले पाएं सारे,
बजट ने रोक लगाया है।।
अपने कर्मों के बही खाते में,
एक नेक काम लिखवा लेना।
टोपी तो सभी पहनाते हैं कई पर,
कभी किसी नंगे पांव में,
चप्पल तुम पहना देना।
गरीब किसी की दुआ लेना ॥

रोज़-मर्रा ज़िंदगी

20. अखबार वाला

सुबह हमारे उठने से पहले,
अखबार पहुँचाता है झटपट ।
दरवाजे पर देता दस्तक,
न ही कोई होती आहट॥
सुबह भोर होने से पहले,
लेकर आता अखबार प्रेस से ।
किस एरिया में किसकी कितनी,
लाइन बनाता बड़े प्रेम से ॥
प्रदूषण का ध्यान है रखता,
आता सुबह ये साइकिल पर।
और टोकरी में साइकिल की,
रखता है अखबार पंक्तिबद्ध ॥
और भी एक कारण है इसका,
इसको शोर न मचाना है ।
बस हल्की सी throw से,
अखबार घर में पहुंचाना है ॥
बैल भी नहीं बजाता है यह,
बस निशाना लगाता है ।
बालकनी, टोकरी, Newspaper box,
में अखबार डालकर जाता है॥
देश दुनिया की खबर पहुँचाकर,
सुबह चाय का मज़ा बढ़ाता है ।
अखबार गलत या लेट मिले तो,

सुबह ही मन खिन्न हो जाता है ।।
सही समय पर सही अखबार,
कितने ज़रूरी हैं ताज़ा समाचार।।
लॉटरी, परीक्षा का रिजल्ट हो देखना,
दिन का भविष्य या मौसम की हाल ।।
ये अंजान है हमारा मित्र,
पहुंचाये अखबार सुबह हमारे द्वार ।
इंतना ज़रूरी काम ये करता,
इसका करो सदा सम्मान ।।

21. ऑटो रिक्शा वाला

तिपहिया वाहन में सवारी को,
बैठाये और मीटर घुमाए ।
सामान लादकर आगे पीछे,
मंजिल पर हमको पहुंचाये।।
खड़े हो हम जो इंतजार में,
बैठाने को रुक ये जाये।
लाल बत्ती पर रूके हमेशा,
हॉर्न कितनी बार बजाये ॥
गर हो जल्दी जाना हमको,
ऑटो थोड़ा तेज चलाये।
रास्ता मिले जहां जैसे भी,
झट से निकाल हमें ले जाये।।
तो याद न रख सकता यह,
पता ठिकाना हर सवारी का।
पर गर याद रह जाये तो,
छूटा सामान घर पर दे जाये।।
रात-दिन करके मेहनत,
ये अपजी रोज़ी रोटी कमाये।
"भरोसा करके बैठ हम जाते,
इसीलिये ये 'भइया' कहलाये ॥
जिस भी शहर में है ये रहता,
कोने-कोने का ज्ञान है रखता।
Shortcuts भी पता सब इसको,

हमको जल्द से जल्द पहुंचाता।

22. माली

सुंदर-सुंदर हरे पौधों को,
माली काट कर देता आकार।
बगिया में इतराते पौधे,
बन गोल, चौकोर, आयताकार ।।
मिट्टी को करके समतल,
डाले बीज वो तरह-तरह के ।
रंग-बिरंगे फूल खिलेंगे,
छोटे-बड़े हर तरह के ।।
रोज़ देता बगिया में पानी,
कभी सुबह तो कभी शाम को।
डालता खाद भी समय-समय पर,
जब भी पडती ज़रूरत उनको ॥
किस मौसम में क्या है उगता,
रखता है ये सब ज्ञान वो ।
जहाँ भी देखता काँटे, उजाड़,
उखाड़ फेंकता जड़ से उनको ।।
हम भी है उसकी बगिया के फूल,
इस बात को प्राणी कभी न भूल।
भगवान है इस बगिया का माली,
करता हर मौसम रखवाली ॥
काँटे वो उखाड़ फेंकेगा,
पर बिन मौसम फूल न लगेगा ।
जहाँ होगा फूल खिलना,

पानी और खाद वो देगा ।।
इसलिये बंदे चिंता छोड़,
कर हर होनी को कबूल ।
क्योंकि उसकी मर्जी के बिना,
न हिले पत्ता ने खिले फूल ॥

23. सचिन तेंदुलकर

गेंद उछाला बल्ला घुमाया,
और लो ये sixer' आया।
चौके छक्के हर गेंद पे मारे,
वही 'मास्टर ब्लास्टर सचिन' कहलाया ।।
14 वर्ष की छोटी उम्र में,
क्रिकेट का ऐसा उत्साह छाया।
दिन रात कर अभ्यास 'सचिन ने,
स्थान भारतीय क्रिकेट टीम में पाया ।।
हजारों रनों की खेली पारी,
वर्ल्ड रिकार्ड बनाए कई।
विदेशी टीमें भी करें प्रशंसा,
शानदार भारतीय खिलाड़ी यही ।।
धुंआधार बल्लेबाजी से,
भारत का नाम विश्व में चमकाया ।
वर्षों की मेहनत से सचिन ने,
'भारत रत्न' का सम्मान पाया ॥

24. छब्बीस जनवरी

1947 में भारत हुआ स्वतंत्र,
1950 में यह बन गया गणतंत्र ।
भारत का रचा नया संविधान,
आजाद भारत का नव निर्माण ॥
शुभ तारीख थी जनवरी छब्बीस,
सबका मन उल्लासित हर्षित।
बने कानून और नियम,
देशवासी हो सुखी व संपन्न ॥
गणतंत्र दिवस जो आया भाई,
राजधानी दिल्ली में खुशियां छाईं ।
सभी राज्यों व संस्थानों की,
रंग-बिरंगी झाँकियाँ आईं ॥
संबोधित कर पूरे राष्ट्र को,
राष्ट्रपति ने फहराया तिरंगा प्यारा ।
'जय हिंद जय जवान' का
पूरे देश ने लगाया नारा ॥

25. होली की मिठास

होली का त्योहार है आया,
खुशीयों की सौगात है लाया |
तरह-तरह के बने पक्वान,
देखें क्या देते फरमान||
बेसन के पीले लड्डू और बर्फी,
मीठा होने की देते अर्ज़ी |
हरा-हरा है मीठा पान,
सबका लगा है पे ध्यान ||
क्योंकि-
खाई के पान बनारस वाला,
खुल जाए बंद अक्ल का ताला ||
सफेद बर्फी, रसगुल्ला, रसमलाई,
मुर्गी छैना की बारी आई|
सबने ये ही पुकार लगायी,
सफेद रंग अमन का है भाई||
जलेबी, इमरती, गुझिया सिंदूरी,
गुलाब जामुन कभी हलकी कभी ज़्यादा भूरी |
सब कहती हैं मिटा दो,
सब दिलों के बीच की दूरी ||
जिस ने भी मिठाई बनाई है,
चीनी सब में मिलाई है |
मीठा जैसे मीठे बनो,
होली ये संदेश लायी है ||

26. दशहरा

मानव जीवन का सच्चा आदर्श,
प्रस्तुत किया श्री राम ने |
केवल पिता की इच्छा की खातिर,
14 बर्ष बिताये बनवास में ।।
भातृ भक्ति व प्रेम का,
उदाहरण दिया श्री लक्ष्मण ने |
पति भक्ति की गरिमा को,
प्रतिष्ठित किया मां सीता ने ।।
प्रतिव्रता श्री सीता को,
रावण ने छल से हरा।
सूर्पनखा खर दूषण की,
मृत्यु का वास्ता धरा ।।
असल में लेना बदला था उसको,
सीता स्वयंवर में अपनी हार का ।
लेकिन तोड़ पाया नही वो,
सीता मां के धर्म विश्वास का ॥
मारकर दशानन को भाई व पुत्रों समेत,
विभीषण को बना दिया लंकेश ।
बुराई सदा अच्छाई से हारे,
राम जी ने दिया संदेश ।।
सुबह पूजे हम दशानन के सिर,
ज्ञानी पंडित था वो शिव भक्त ।
बस एक पाप ने ही किया,

उसका सब कुछ क्षत-विक्षित ।।
शाम को बनाये पुतले तीन,
रावण, कुंभकर्ण, मेघनाद ।
फिर जला देते उनकी खुले में,
अंत उनका सब रखें याद ॥
रावण को तो मिल गया सबक,
हर साल उसको जलाया हमने।
किंतु देखें हम में जन्मे,
रावण जैसे सिर है कितने ॥
आइए भीतर की बुराइयों को मारे,
करें हम खुद को रोज़ प्रणाम।
रावण जैसा कर्म न हो,
हमारे आदर्श हो श्री राम ।।
दशहरा मेले में मज़े लूटिये,
खाइए चाट-पकौड़ी और जलेबी।
खरीदिए गदा, धनुष और तीर।
बनो मानवता के रक्षक,वीर ॥

27. परीक्षा

हम सब घबराते है परीक्षा से,
क्यों है कतराते परीक्षा से ।
क्या होता मगर न होती परीक्षा,
फरमाइए गौर समीक्षा से ।।
सोचो कोई परीक्षा न होती,
पढ़ने की कोई फिक्र न होती।
पढ़ना छोडते रोज़ ही बच्चे,
बस थोड़ी ही उनकी knowledge होती ।।
टीचर की जिम्मेदारी घटती,
कोई टीचर ने फिर डांटती।
प्यार से समय निकल ही जाता,
पर बाद में नरमी महंगी पड़ती ।।
न कुछ सुनने की जरूरत,
न याद करने की चिन्ता ।
और न ही पेपर को देखकर,
धड़कते दिल की मासूम दशा ।।
सारे बच्चे जो भी फीस भरते,
कक्षा में उत्तीर्ण वो होते ।
जब नौकरी की अर्जी भरते,
ज्ञानी अज्ञानी समान ही लगते ।।
चाहता हर कोई बनना डॉक्टर,
और चाहता हर कोई बनना इंजीनियर।
कैसे होते सब के admission,

डॉ. शिवानी गोयल

कैसे हो पाता ये decision ||
योग्य बनने और बढ़ने के लिये,
आवश्यक है ज्ञान बढ़ाना ।
चाहे कठिन हो या ही सरल
आवश्यक है - परीक्षा उत्तीर्ण कर जाना ||

संक्षेप में

प्रिय कवियों/कविता प्रेमियों,

मेरी पुस्तक 'दृष्टिकोण-बाल कविताएँ' पढ़ने के लिए आप सभी का स्वागत है।

यह मेरी पहली कविता पुस्तक है जिसमें मैंने अपने जीवन के कई वर्षों के अनुभव से लिखी कविताओं को शामिल किया है। इस दुनिया की हर चीज हमें कुछ न कुछ सिखाती है, जो किताब में प्रस्तुत सभी कविताओं का मुख्य केंद्र बिंदु है। ये कविताएँ भावनाओं, जीवन, किताबों और टीवी शो से प्रभावित हैं। मैं अपनी किसी भी कविता पर किसी भी रचनात्मक आलोचना की सराहना करुंगी ।

धन्यवाद,

डॉ. शिवानी गोयल